Ai sognatori.
A chi ogni giorno sa apprezzare la mia mente conflittuale.
A chi ama la mia parte allegra,
ma anche quella malinconica.
A chi crede in me e nelle emozioni.
Alla mia fan n.1: madre.

DELUSIONE

Lo sgretolarsi delle ossa.
Pezzi di anima si scrostano dalla luce
cadendo in terra.

LE EMOZIONI DELLE DONNE
Ed è tempesta.
Ed è sole e bufera,
ed è gelo e ardore,
ed è riso e pianto.
Ed è un uragano.

BUGIE

Parole infette intaccano il grigio fulcro dell'essere
e squartano il rosso,
fuoco che si spegne sotto un gelo pungente.
"Ti fidi di me?"
"Non più".

RAGAZZA SOCIAL

Sfavillante appari in posa filtrata,
sbrilluccicante accendi gli sguardi
di squali privi di pensiero.
Apparire.
Immagini sequenziali coprono la verità
e una volta posato il viso di cera,
un assordante nulla.

TI HO AMATO

Mi prendo cura del tuo sonno turbato,
accarezzo le tue ferite,
nutro il tuo luminoso io.
Ti regalo un rubino,
ti regalo il mio cosmo,
rispetto le ombre che ti avvolgono.
Ti lascio svanire.
Liberati.

SPERANZA

Fioca fiammella che si nasconde
dietro il buio,
alimenta i colori nascosti e le gioie
sepolte.
La mente inizia ad ardere
scaldando l'essere.
Scorrono fiumi di stelle.
Di nuovo vita.

VITA

Beffarda ed imprevedibile
ti prendi gioco dell'essere.
Potente, inesorabile, dolce, violenta.
Tu sali fino alla vetta più alta
e poi precipiti negli abissi,
torni a galla.
Gioia infinita e tenebre.
Scorri, infuochi, distruggi, crei.
Flusso continuo, ma finito.

ANSIA

Buco nero che divora l'anima.
Gelido, freddo serpente
che ti avvolge in una morsa stretta.
Soffoco.
Confusione.
Respira.

TU SEI

Candida e pura melodia,
coro di mille Angeli.
Suono lieve, delicato accarezza il cuore.
Arpe e violini suonano la sinfonia dell'anima.
Esplosione di celestiale bellezza
irradia ed illumina ogni stanza nascosta.
Tempesta di stelle.

PAESAGGI D'INVERNO

Alberi spogli
e foglie che infuocano il terreno
popolano distese verdi ed umide.
Un cielo azzurro e gelido ne fa da sfondo
e il silenzio penetrante infonde pace.
Sole freddo illumina il paesaggio
e camminando
si ode solo lo scorrere delle nuvole.

OSSESSIONE

Si insidia nelle ossa.
Spacca l'io.
Martella perfida, ti incatena.
Canto di Sirena che ti attira negli abissi.
E' pazzia.

CI SEI?

Ti cerco in un sorriso,
nei pensieri della gente.
Ti cerco in un'ombra,
nella luce della luna che illumina la notte.
Ti cerco in una canzone,
nelle melodie dell'eco di una voce.
Ti cerco nel cielo,
nelle stelle che dipingono l'oscurità.
Ti cerco.

NUOVI INIZI

Mi rialzerò
Combatterò
Correrò
Griderò
Danzerò
Perdonerò
Amerò.

GUARDAMI

Guardami.
In mezzo ad un oceano di sogni
un'anima in controluce,
si nasconde timida nell'ombra.
Trovami.

DIVERSO

Al muro in un angolo.
Rotto, cenere risorta.
Dura corazza.
Scegli la forza della solitudine.
Greggi lobotomizzati si aggrappano
per strapparti l'armatura.
Brillante creatura,
difendi le tue ali stanche.
A chi vuoi mostrarti?

LONTANANZA

Custodisci nella morsa di un caldo abbraccio
i miei fragili incanti.
Distese di note ci separano,
seguo un filo annodato al cuore.
L'eco della tua voce è in lontananza
e danza sopra il vento.
Aspetto un tuo bacio.

MI SENTI?

Vomito emozioni.
Flusso senza fine che mi esce dalla carne.
Lame conficcate nello stomaco esplodono
e frammenti cristallini si sciolgono nell'aria.
Allungo una mano nel buio, ti cerco.
Soffio vibranti pensieri
ed accarezzo il tuo sonno.
Mi senti?

RINASCITA

Scruta l'infinito,
ancestrale buio.
Dea sepolta,
sinuosa e vibrante corda
mossa dalla profondità delle acque.
Scintille ardenti di sogni la spogliano
E un canto di follia riaccende il suo sguardo.

MANGIAMORE

Beffarde maschere.
Pronte a deriderti
mentre porgi loro il tuo scrigno.
Lo aprono, se ne nutrono,
cavalcando le tue spalle
e ti strappano le ossa
fingendo affetto.
Beffarde maschere,
Ti consumano e poi si attaccano
come una zecca alla carne fresca.

GRAZIE

Culla i pensieri,
scoppia nell'io, essenza argentata.
Parole, calde scintille.
Delicata tortura.
Luminoso sogno nasce dalle tenebre.
Una canzone.

PERPLESSITA'

Sciolte in polvere ghiacciata,
scivolano su un muro d'acqua,
sgretolando un ricordo.

PENSIERI

Cocci aguzzi si conficcano,
frammenti si staccano.
Gocce cadono,
rigando le pareti.
Scatola rossa.
Scatola grigia.

ESSERE

Luci e ombre,
nelle tenebre risplendono,
esseri mutevoli
circondati da staticità.

DI NOTTE

Squarcio di memoria
appare nel nero silenzioso.
Strappo malinconico,
amara carezza.
Rumore di nulla,
forte nella carne.

NOTTE D'ESTATE

Puntini luminosi scivolano veloci
dipingendo il blu.
Brezza leggera accarezza la pelle
e il cicalio suona note d'estate inoltrata.
Calda notte disegna curve rivolte all'insù
e sullo sfondo brillanti spighe dorate
incorniciano la rossa Signora.

CONFUSIONE

Rumori strani,
mormorano impercettibili vocii.
Crack!
Equilibrio dissestato,
buche di pensieri disseminati nel vento.
Buio.
Raccogli.

ALDILA'

Ticchettio.
Corre, scappa.
Leggera farfalla,
vola libera nell'infinito.
Aldilà del tutto.

S.

Scosto la nebbia
per intravedere un pezzo di anima sepolto.
Scintilla sopita da pezzi del tempo.
Tagliente dolcezza accarezza volti
cercando una superficiale pace.
Muro lastricato, scivolo.
Abbraccio un'ombra,
delicatamente mi affaccio alla porta.
Oscura bellezza fatta di cicatrici,
le bacio in punta di piedi.

PLAYLIST

Playlist ingarbugliata,
suonano una dopo l'altra persone.
Si rimescolano istantaneamente
susseguendosi,
si prendono a pugni nello stomaco.
Ordino sorrisi,
i più belli sono rimasti nello scorrere.

MANCANZA

Disequilibrio appeso ad un filo.
C'è qualcuno all'altro capo?